# Gedichtband

Arne Poqué

# Gedichte und Gedanken

und vom kleinen Elefanten

Bibliografische Information der Deutschen Nationalbibliothek:
Die Deutsche Nationalbibliothek verzeichnet diese Publikation in der
Deutschen Nationalbibliografie; detaillierte bibliografische Daten sind im
Internet über dnb.dnb.de abrufbar.

© 2022 Arne Poqué
Herstellung und Verlag: BoD – Books on Demand, Norderstedt

ISBN: 978-3-7562-4318-1

Erfüll dir deine Träume und hab den Mut, all das zu tun, was dich glücklich macht.

# Mut

Einsamkeit ist selten gut,
doch Zweisamkeit erfordert Mut.
Mut sich zu öffnen.

Sich zu lieben und vertrauen,
gemeinsam nach vorn' zu schauen.
Mut sich zu helfen.

Die Bindung schaffen ist sehr schwer,
doch diese zu trennen noch viel mehr.
Mut sich zu binden.

Zusammen blödeln, zusammen lachen,
einfach alles gemeinsam machen.
Mut sich einzulassen.

Mut sich fallen zu lassen.
Mut gemeinsam zu sein.
Mut nicht einsam zu sein.

Man braucht diese Zweisamkeit,
man braucht den Mut,
denn die Einsamkeit ist selten gut.

## Alles

Es ist des Glückes Schmied,
der Liebe schönstes Lied.
Zweie zueinander,
immer beieinander.
verbunden sind sie stets,
Hand in Hand unterwegs.

Gehören zusammen,
doch wollen sich bannen.
Sie können nicht ohne,
sind Vater und Sohne.
Sie sind es ohne Zweifel,
Leben und Tod.

## Würde

So gern die Würde es auch wäre,
so oft sie auch missachtet werde,
umso mehr ist es gewiss, definitiv,
die Würde des Menschen ist kein Konjunktiv.

## Ein kleiner Elefant

Ein kleiner Elefant,
still, farblos, unerkannt,
er wuchs, wurde groß,
doch noch immer farblos.

Ein kleiner Elefant,
er ging, suchte, fand,
einen Partner bis zum Tod
und der Elefant ward rot.

Ein kleiner Elefant,
alt, schwach, erkrankt,
gepflegt durch die Frau,
dennoch, der Elefant ward grau.

Ein kleiner Elefant,
noch älter, sein Schicksal erkannt.
Abschied mit welcher er verbunden
und der kleine Elefant war entschwunden.

## Es ist aus

Es ist aus,
Schluss und Ende.

Ist vorbei,
Sie ist weg,
Tagedieb.

Abgehauen
Und kommt nicht wieder
Sie... Es... Aus.

# Kleine Träne

Eine Träne, klein und leise,
purzelt auf ihre sanfte Weise,
langsam herab, herab,
immer nur bergab.

Sie ist so einsam
und auch schweigsam,
weiter herab, herab,
immer nur bergab.

Sie läuft und bleibt nicht stehen,
bitte lass es doch vorübergehen,
dennoch herab, herab,
immer nur bergab.

Ach, bitte lass es enden,
doch will niemand Trost ihr spenden,
erneut herab, herab,
immer nur bergab.

Oh weh, ich hab's erkannt,
nur ich hab's in der Hand,
Träne herab, herab,
immer nur bergab.

Ich war's schuld, doch bin ich hier,
kleine Träne hör auf zu fließen und verzeihe mir,
Also hör auf, hör auf,
bitte höre auf.

## Die drei Eichen

Hoch auf des Hügels Rand,
drei Eichen stehen dort.
Fernab von Lärm und Staub,
sind sie die Könige.

Trotzen Schnee, Regen, Wind,
stets ihre Pflicht erfüllt.
Stehen schon seit ewigen Zeiten
und gehen nimmer fort.

Sie sind Schild, sie sind Wächter,
stehen Hand in Hand.
Spenden Schatten, Liebe, Trost,
sind Zuflucht und Zuhause.

Eines Tages bleib ich hier,
hoch oben auf des Hügels Rand,
drei Eichen stehen dort.
Fernab von Lärm und Staub,
werden wir vier Brüder sein
und gehen nimmer fort.

## April

April, April,
du Ungestüm,
bist hier, bist dort,
gehst nicht mehr fort.
Geh weg,
kehr nicht wieder,
komm zurück,
so bleib doch hier.
Ich wünsch dich weg,
ich wünsch dich her,
ach wenn doch jetzt schon Sommer wär.

## Was ist echt?

Alles was kein Leid besitzt,
besitzt Schmerz.
Alles was Liebe fühlt,
hat kein Herz.

Alles was lang ist,
ist kurz.
Alles was empor steigt,
erlebt einen Sturz.

Alles was wahr ist,
ist gelogen.
Alles was treu ist,
ist betrogen.

Alles was für den Einen gut,
für den Anderen schlecht.
Alles für den Einen recht,
für den Anderen ungerecht.

Somit ist alles was man tut,
nicht für jeden gut.
Und alles was schlecht ist,
ist das was echt ist.
Also ist nur das echt,
die Welt ist schlecht...

## Sommer

Ich spüre sanftes Grün,
höre wie die Blumen blühen,
sehe schönste Wärme,
und rieche die Ferne.

Ich spüre Feld und Baum,
doch hören kann ich's kaum,
sehe den Duft vom Gras,
rieche Kinder haben Spaß.

Ich spüre den Geruch von Schweiß,
höre die kühle Erfrischung, Eis,
sehe das Gefühl der Sonne,
rieche den Genuss, diese Wonne.

Ich spüre mit allem den Sommer,
höre von überall den Sommer,
sehe die Pracht des Sommers
und rieche den Duft des Sommers.
Es ist schon Herbst.

## <u>Liebe</u>

Eine Hand voll Gold reicht nie für zwei,
doch ein Berg eröffnet Tor und Tür
und ist dies nun Liebe anstatt Gold,
werden sogar zwei gebraucht.
Der Berg kann hier ein Funke sein,
er wäre mehr wert als alles Gold.

## Versuchung

Die Hoffnung hab ich stets,
doch die Chance keineswegs.
So viel Charme und so viel Witz,
doch nützen tut das alles nichts.

Ich bin's der arbeitet ohne Ende,
doch immer fällt es in andere Hände,
und ist der Fall die Härte,
sogar in die von dem Gefährte.

Wieso bin ich's der sich beschwert?
Bin ich doch bereits begehrt.
Ich darf mich nicht beklagen
und mag es nicht mehr wagen.

Jetzt erst ist's mir klar,
dass ich bereits des Glückes war.
Und ich will auch dessen bleiben,
Also, Herr, lass die Versuchung mich stets meiden.

## Moderne Welt

Wollen Macht,
wollen siegen,
alles kriegen,
so kurz vor der Nacht

Heiterkeit,
keine Sorgen,
vor morgen,
so kurz vor der Dunkelheit.

Hohe Wände,
kein Brot,
in der Not,
so kurz vor dem Ende.

Langer Gang,
lauter Krisen,
Kriegsdevisen,
so kurz vor dem Untergang.

Hab's nicht gern,
schlechte Welt,
Sucht nach Geld,
so kurz davor oder doch noch fern?

Hass gesät,
Chance verpennt,
Gesellschaftsend',
so kurz davor oder doch zu spät?!

## Wahre Liebe

Warum sich schämen,
warum sich grämen?
Ehrlich bleiben,
geduldig sein.

Warum heucheln,
und nur täuschen?
Gefühle zeigen
und verzeihen.

Warum weinen,
warum leiden?
Trost spenden,
mit helfenden Händen.

Warum schreien,
warum böse sein?
Leise reden,
Krach beheben.

Warum das Leid
und auch der Neid?
Mit dem Anderen teilen und dem Anderen geben
und ist es wahre Liebe, so auch das ganze Leben.

## Gegensätze

Leere, Fülle,
Lärm und Stille,
Feigheit, Mut,
Schnee und Glut.

Dunkel, bleich,
arm und reich,
dorren, blühen,
rot und grün.

Bekommen, schenken,
dumm sein und denken,
Mond, Sonne,
Trauer und Wonne.

Frau, Mann,
heute und dann,
verschieden, gleich,
hart und weich.

Zusammen, allein,
groß und klein,
schwierig, banal,
Mensch sein und sozial.

## Was ist Macht?

Wahre Macht ist nicht physikalisch,
geschweige denn biologisch.
Wahre Macht ist nichts vom Mensch Erbrachtes,
ist auch nichts von ihm Erdachtes.
Viele haben Macht und Einfluss
und das im Überdruss.
Doch niemand soll sich mächtig schreien,
die wahre Macht ist Kraft sozial zu sein.

# <u>Leben</u>

Wünsche, Ideen und Hoffnung,
sind es welche uns begleiten,
durch so manche düstre Zeiten,
sind die welche uns beschenken,
wenn wir noch so dunkel denken,
sind die Schritte der Gesinnung
und zum Leben die Bedingung,
sind jene Pfeiler dieser Welt,
sind das was uns zusammenhält.

## Der Weg ins Paradies

Hauch zarter Duft,
welcher fröhlich sich ausbreitet,
er nährt die Luft,
alles ist bereitet.

Finger streifen sanfte Seide,
die Schlange wird ihr Werk begehen,
vergiftet sind sie beide
und werden schnell verstehen.

Bitter süße Qualen,
der schöne Weg ins Paradies,
den sie sich ausmalen,
holprig ist der auf den man stieß.

Seichtes auf und nieder,
wie des Meeres Wellen,
salzig kommen sie wieder,
Ebbe und Flut, die sich einstellen.

Angekommen im Paradies,
hinweg und fort,
beide wollten dies
und blieben dort.

## Eifersucht

Welch Schmerz, welch Frust,
plagt dort in meiner Brust?
Ist's eine Kugel oder gar ein Messer,
oh ich wünscht' ich wüsste es besser.

Dies Gefühl es kratzt und beißt,
so ist's vom Herz zum Kopfe festgeschweißt.
Es will und will nicht weg,
sinnlose Qualen so scheint sein Zweck.

Ich will's vertreiben doch es tut so weh,
von droben dem Scheitel bis zum Zeh.
Es macht mich schlecht und andre gut,
es raubt mir den letzten Mut.

Verstörung und Verzweiflung ist das was überbleibt,
ist auch das, was in den Wahnsinn treibt.
Ich wollte es nie kriegen und will's nicht haben,
doch trotzdem muss ich diese Bürde tragen.

Allein dies Leiden überstehen werde ich nie,
ich brauche Hilfe, ich brauche sie
und ich bete, dass sie mich versteht
und dass meine Liebe nicht von mir geht.

## Freundschaft

Wann saßen wir zuletzt zusammen,
nur um zu reden die ganze Nacht?
Über Liebe und Freundschaft
und was das Leben aus uns macht.

Wann hatten wir zuletzt einen
dieser Momente, gemeinsam am Feuer?
Wo nichts anderes wichtig war,
außer wir, Lieder und das Feuer.

Wann haben wir zuletzt drei
oder auch vier zu viel getankt
und sind dann noch gemeinsam,
Arm in Arm, nach Hause gewankt?

Wann konnten wir zuletzt gemeinsam
über uns und jeden andren lachen?
Für einander gradestehen und uns helfen,
auch wenn wir Fehler machen.

Und wenn die Antwort auf "wann zuletzt?",
'heute', 'gestern' oder 'immer' ist,
so sollst du wissen,
dass es wahre Freundschaft ist.

## Die Gedanken kreisen

Auch in dieser Nacht
wird der Schlaf mich wieder meiden.
Meine Gedanken treiben,
schwirren umher in fremden Gefilden.
Krieg sie nicht zu packen,
wollen mich nicht träumen lassen.

Mein Brustkorb hebt und senkt sich,
hebt und senkt sich.
Den Wellen gleich,
die meine Gedanken von mir tragen.
Baue ihnen selbst das Floß,
welches sie nicht sinken lässt.

Meine Gedanken kreisen,
ziehen immer größere Bahnen.
Der Alltag fordert seinen Tribut.
Mein Körper ist müde,
mein Kopf er wehrt sich.
Zu viele Dinge an die ich denke.

Und so liege ich da, still und reglos,
während meine Gedanken
träge von mir segeln.
Bis ich langsam übergleite
und mit ihnen reise, in das Land,
wo wir frei sind und alles möglich ist.

# Die Nacht

Dort draußen, dunkel ist's und doch funkeln Sterne.
Der Blick gleitet voller Sehnsucht nach und nach der
Ferne.
Allein in dieser stillen und friedlichen Nacht,
hält er der vermisst, einsam seine Wacht.

Er sucht und sucht weiter, unentwegt.
So sehr er es hofft, in der Ferne sich nichts bewegt.
Er versucht sie zu finden, seine große Liebe,
nur sind sie getrennt durch eine Welt voller Diebe.

Sie will ihn so sehr, wie er auch sie,
doch wären sie zusammen, wären sie es nie.
Sie können sich nicht binden, so sehr er es mag,
denn er gehört der Nacht und sie dem Tag.

## Der Dieb

Still, heimlich, klamm,
zieh ich dann und wann,
los zu rauben und zu stehlen,
von so manchen treuen Seelen.

Bin ein Dieb nicht mehr
und wenn ich eins begehr,
so sind es Herzen rein,
als nächstes will ich dein.

Ich schleich mich an dich ran,
drehst dich um und schaust mich an.
Ich wollt dir nehmen deins,
doch gehört dir jetzt schon meins.

Was hast du mit mir gemacht?
Mich prompt um den Verstand gebracht.
Deine Augen und dein Lachen sind was mich trieb.
Du hast mir mein Herz gestohlen, Herzensdieb!

## Das Fenster

Ich kenn einen Ort mit einem Fenster,
es zeigt dir Geister und Gespenster,
die einer längst vergessenen Zeit,
es zeigt dir nur das, was übrigbleibt.

Blick ich durch das Glas, so sehe ich dich,
alles was du bist, das sehe ich,
deinen ganzen Körper, dein Gesicht,
doch bist du so viel mehr, bist du's nicht?

Erkenne jede Narbe, jede Wunde,
jede Tat und jedes Wort aus deinem Munde.
Das Vergangene ist was dich bemisst,
ist alles was du heute bist.

Ich blick in deine Augen, nick dir zu,
bis ich merke du bist ich und ich bin du.
Das Fenster zeigt nicht dich,
es ist ein Spiegel und zeigt mir mich.

## Lied von Freiheit

Ein Lied leise rauschend,
durch die Welt erklingt,
hören kann wer lauschet,
was es mit sich bringt.

Die Melodie der Freiheit,
hörst du hin?
Bist du dafür bereit,
verstehst du ihren Sinn?

Das Lied darf nie verstummen,
lass es uns weitertragen,
sonst haben sie gewonnen,
die jenen Klang des Liedes nicht ertragen

## Undomiel – der Abendstern

Ein Mann, allein im hohen Grase sitzt.
Die Welt um ihn herum verblasst.
Er sitzt da und singt sein Lied,
singt von Liebe und vom Abendstern.

Der Wind trägt das Lied,
obwohl er es nur leise singt,
über Seen, Wälder, Berge,
hin zu welcher, für die das Lied bestimmt.

Sie kann das Lied nicht hören,
doch spürt ihr Herz die Melodie.
So sieht sie in den Himmel und hofft,
dass er die gleichen Sterne sieht.

Der Mann im Gras, er greift zur Brust,
fasst die silberne Kette um seinen Hals.
Es ist der Abendstern, den sie ihm geschenkt
Und wodurch sie immer bei ihm ist.

## Ost und West

Ich sitz allein auf meinem Bett,
weiß nicht was ich sagen soll.
War die Zeit nicht nett?
Du steigst in den Zug und dann?

Er bringt dich immer weiter weg.
Ich will nicht, dass du gehst,
doch die Tür ist mir im Weg,
muss wissen, dass du zu mir stehst.

War es wirklich oder nur ein Traum?
So kurz nur unsere Zeit,
ich erinnere mich schon kaum
und doch bin ich bereit.

Ich weiß auch, dass es muss…
Du bist Ost und ich bin West.
Drum nehm ich den letzten Kuss
Und halt mich daran fest,
bis du, mein Herz, wieder bei mir bist.

## Am Grab

Jetzt knie ich hier vor diesem kargen Stein,
soll das alles von dir sein?
All das was von dir geblieben?
Fandest du ihn wirklich, deinen Frieden?

Ich sitz hier, die Welt verschwimmt im Regen
und alles was ich will, ist noch einmal mit dir reden.
Ich schrei und schrei ihn raus, deinen Namen,
bis nichts mehr bleibt, nur mein Herz mit tausend
Narben.

Durchnässt und halb erfroren, will dennoch bei dir sein.
Wo bist du nur zwischen der Erde und dem Stein?
So viele Tränen habe ich für dich vergossen!
Hast du mich etwa schon vergessen?

Ja, ich weiß so spielt das Leben
und irgendwann verlässt es jeden.
Doch will ich hier bei dir bleiben und warten,
denn was ist das Leben noch wert?
Ist es doch jetzt eins ohne dich…

## Feuer im Sand

Sternenklare Nacht,
leises Wellenrauschen,
das Feuer angefacht,
will den Moment nicht tauschen.

Du sitzt mir gegenüber,
das Feuer tanzt in deinen Augen.
Kommst du zu mir rüber,
um mir diese Nacht zu rauben?

Der Sand langsam rieselt,
die Haut so warm,
nur eine leichte Brise
und du in meinem Arm.

Sind zwei Flammen in der Dunkelheit,
tanzen eng und Hand in Hand.
Bleiben ungesehen, doch wir strahlen weit
lodert doch der ganze Strand.

Der Tag er naht und du willst gehen,
sagst die Nacht war, was uns verband
und am Morgen, es sei nichts geschehen,
alles was gewesen, nur ein Feuer im Sand.

### Kleine rote Rose

Nur noch ein verdorrtes Land,
keine Erde, sondern Sand.
Voll von kahlen Bäumen
und Häusern mit leeren Räumen.

Alle Lieder sind verklungen
und verschwunden, welche sie gesungen.
Alles karg, was schön gewesen,
weit und breit kein lebend' Wesen.

Doch mitten in dieser öden Welt,
sich eine kleine Blume hält.
Unberührt vom Elend und der Not,
vom unsichtbaren Feind und schleichend Tod.

Die kleine rote Rose, nicht verdorrt,
wartet einsam an diesem Ort,
bis die Trauer dies Land nicht länger trübt
und bis alles von Neuem blüht.

## Das letzte Gemälde

Bin lang kein Künstler mehr gewesen,
doch will ich ein Bild noch malen.
Du, mein Herz, hast mich dazu gebracht,
noch einmal den Pinsel in die Hand zu nehmen.

So träume ich uns Momente aufs Papier,
male mir unsere Zukunft aus.
Wir gehen Hand in Hand im Park,
schauen Filme, haben Zeit für uns.

Liegen im Gras und sammeln Sterne,
ein Kuss am Meer bei Sonnenuntergang.
Ich lasse alle Gefühle in das Gemälde fließen
und meine Liebe auf die Leinwand tropfen.

Ich male und male bis das Bild perfekt
und mit dem letzten Pinselstrich,
blick ich hinauf und seh wie du
unsere Liebe mit einem anderen lebst.

Mit einem Lächeln schenke ich dir das Bild,
leg den Pinsel jetzt für immer nieder.
Ich male keine Liebe mehr,
sondern tu's dir gleich, mein Herz
und fang sie endlich an zu leben.

## Fluch und Segen

Ich bat dich einst um deinen Segen,
bei meiner Liebe alter Tage.
War bereit dir alles zu geben,
damit sie mir nie entsage.

Versprach dir in Buße und Gebet,
solltest du mir helfen sie zu halten,
werd' ich keine andere lieben, wenn sie geht.
Und bis heute hab ich den Schwur gehalten.

Doch es war nicht dein Segen,
sondern des Teufels Fluch,
denn die Kraft zu lieben, habe ich gegeben,
dennoch war zerschnitten schnell das Tuch.

Nun bin ich so lange schon allein,
hab ich denn nicht genug gelitten?
So nimm von mir diese Pein,
nur noch darum will ich bitten.

Und muss ich wieder etwas geben,
für die Kraft mich wieder zu verlieben,
so geb ich dir das Größte in meinem Leben,
denn ich werd auch dich für immer lieben.

## Könige der Nacht

Ich lieg im Gras,
der Blick zum Himmel,
über mir ein Sternenmeer,
lauter silberhelle Funken.

Jeder hat hier seinen Platz,
vom Polar zum Orion,
doch eine Frage bleibt…
Wo ist mein Platz unter euch?

Ich will mit euch funkeln
und leuchten die ganze Nacht,
für alle die nach oben schauen,
so wie ich hier unten im Gras.

Wie viele mögen es sein,
die ihr bezaubert,
mehr als ihr da oben seid?
Doch wer könnt euch alle zählen?

Seid ihr doch unendlich viele
und unendlich schön,
einer heller als der Nächste.
Ach, wie gern wär' ich unter euch,
ihr Könige der Nacht.

## Hallo Nacht

Hallo Nacht, mein Freund,
wie geht es dir,
nimmst du mich mit,
wo willst du hin?

Wie geht es dir,
das fragst du mich
und ich, ich weiß es nicht,
aber ich geh mit dir.

Nimmst du mich mit?
Ich will deine Tücken sowie Wunder sehen,
nimm mich an die Hand und lass uns gehen,
ich halte mit dir Schritt!

Wo willst du hin?
Zeig mir der Sterne hundert
oder wer dich außer mir bewundert,
dass ich nicht alleine bin.

Und alleine bin ich nicht, bei weitem.
Es sind so viele, die du kennst,
so viele die du deine Freunde nennst
und sagen höre ich sie von allen Seiten:

Wo willst du hin,
nimmst du mich mit?
Wie geht es dir?
Hallo Nacht, mein Freund!

## In meinen Armen

Viel schöner als jetzt kann es nicht sein.
Liegst in meinem Arm, flüsterst in mein Ohr:
„Ich bin dein und du bist mein,
bist der, an den ich mein Herz verlor.

Viel schöner als jetzt kann es nicht sein.
Also halt mich fest, als wenn's für immer wäre."
Ich schließe meine Augen, sauge deine Worte ein.
Sagst, dass du mich liebst, dann seufzt du schwer.

Viel schöner als jetzt kannst du nicht sein.
Streife durch dein Haar, leg die Hand auf deinen Bauch:
„Wie kannst du auch jetzt noch so ein Engel sein?"
In deinen Augen schimmern Tränen, in meinen auch.

Viel schöner als jetzt kann es nie mehr sein.
Ich spüre wie du langsam schwächer wirst.
Der Stoff unter meiner Hand färbt sich rot wie Wein.
„Es ist okay…" hauche ich, bis du es nicht mehr hörst.

Viel schöner konnte es nicht sein,
bis du in meinen Armen starbst.

## Selbstzweifel

Wovor hast du Angst?
Angst davor geliebt zu werden,
dass jemand alles für dich tut,
dass du mir wichtig bist?

Wieso willst du dich selber strafen?
Glaubst du, du hast es nicht verdient,
nicht verdient glücklich zu sein,
niemanden verdient, der dich zum Lachen bringt?

Warum versteckst du dich?
Hast du Angst dich mir zu zeigen,
Angst du könntest mir gefallen,
Angst davor ich könnte bleiben?

Wofür öffnest du dich,
nur um dich gleich wieder zu verschließen?
Zerdenkst du lieber alles,
statt es einmal zu erleben?

Willst du mir nicht vertrauen,
vertrauen und dich fallen lassen?
Ich verspreche dir, ich bin da,
ich bin da und fang dich auf.
Ich bin da, worauf wartest du?

## Everlong

Auch nach all der Zeit,
immer noch dasselbe Leid.
Lieg nur da,
denk an das was war.

Auch an das was nicht.
Sehe immer noch dein Gesicht.
Sehe dich im Ballsaal vor mir stehen.
Würde ich doch nur mit dir gehen.

Du wolltest tanzen zu diesem Song,
Foo Fighters – Everlong,
alles vergessen was gewesen
und über alles mit mir reden.

„If everything could be this real forever.
If anything could ever be this good again."
Wäre ich mit dir gegangen,
hätten wir neu angefangen?

Sag mir was wäre geschehen,
würde es uns beiden besser gehen?
Wissen werden wir es nicht,
da keiner von uns das Schweigen bricht.

So steh ich immer noch da,
in diesem Ballsaal an der Bar.
„I've waited here for you.
Everlong."

## Die Insel

Langsam kriecht das Wasser den Strand hinauf
und wir sitzen da im warmen Sand.
Erzählen uns Geschichten, lachen, ein Kuss.
Sowie sich unsere Lippen trennen, müssen wir es auch.
Du hast deinen Weg gewählt und ich den Meinen.
So gehst du am Strand gen Ost und ich gen West.
Keiner von uns blickt nochmal zurück.
Es war eine schöne Zeit, doch ist sie nun vorbei.

Schritt für Schritt geh ich am Strand entlang,
bahne mir meinen Weg durch Sand und Fels.
Welche Abenteuer liegen wohl auf deinem Weg?
Und wie es dir wohl grade geht...
Ich geh weiter, immer weiter,
irgendwo zwischen Meer und Land.
Bestimmt hast du längst dein Ziel erreicht.
Bist fröhlich, lachst, hast mich lang vergessen.

Ich wollte doch nicht mehr an dich denken...
Ich hebe den Kopf und blicke in die Ferne.
Mir entgegenkommend, lachend, fröhlich winkend,
du hast mich nicht vergessen.
Die letzten Schritte laufen wir, fallen uns in die Arme.
Wir setzen uns in den warmen Sand,
Erzählen unsere Geschichten, lachen, ein Kuss.
Bis sich unsere Lippen trennen und wir gemeinsam
weitergehen

# Rampenlicht

Oben im Turm die Glocke schlägt,
sie schlägt und schlägt, dreimal dann Ruh.
Das kalte weiße Licht es trägt
mich durch die Nacht und schaut mir zu.

Wirft den Schein auf mich, Rampenlicht.
Die Nacht ist meine Bühne und
ich tanz auf ihr, gleit' durch das Licht.
Ist nicht schwarz-weiß, die Nacht ist bunt.

So schwinge ich mich hin und her
und dreh mich immer schneller, bis
wir verschmelzen, mehr werden, mehr,
als ein Tänzer im Rampenlicht.

### Unter dem Baum

Bist so weit entfernt
und doch zum Greifen nah,
hast erst gestern noch hier gelernt,
unter diesem Baum, als ich dich sah.

Heute sitz ich unter dem Baum,
du bist nicht mehr da.
Bleibt es nur ein Traum
oder wird er morgen wahr?

## Für immer

Lass uns,
gemeinsam auf der Wiese liegen
und nach den Sternen greifen.
Sammeln so viele wir können,
bis die Nacht nur noch von uns erhellt.

Lass uns,
gemeinsam zum langsamsten Song
des Abends tanzen,
uns im Rhythmus verlieren,
bis wir eins sind mit der Musik.

Lass uns,
gemeinsam am Meer sitzen,
auf den Sonnenuntergang warten
und der Stimme des Meeres lauschen,
bis der Wind uns mit davonträgt.

Lass uns,
gemeinsam jeden Moment erleben,
die Welt bereisen und
uns immer wieder neu entdecken,
bis wir alt sind und es für immer war.

## Aufbruch

Ich steh hier im Regen,
mit deinem Foto in der Hand,
ohne mich zu bewegen,
breitbeiniger Stand.

Regen prasselt auf mich nieder,
bin schon ganz durchnässt,
ich weiß ich komm nicht wieder,
weil es das Beste für uns ist.

Und wie ich hier auf der Straße steh,
dein Foto in der Hand zerdrück',
weiß ich, dass ich wirklich geh,
renne los und blicke nicht zurück.

## Gemeinsam träumen

Ich liege auf meinem Bett,
hab noch kein Auge zu gemacht,
blicke nur nach oben,
durch das Fenster in die Nacht.

Ich zähle die Sterne,
die Licher der Nacht.
Ich träume von ihr, denke an sie,
was sie wohl gerade macht?

Liegt sie auch noch wach,
sieht sie dieselben Sterne,
denkt sie vielleicht auch an mich?
Ach, ich wüsste es gerne.

Wie gerne läg' ich neben ihr,
so dass wir die gleichen Sterne sehen,
Keiner wäre mehr allein
Und wir könnten gemeinsam träumen.

## Glück

Man kann
an die Vergangenheit denken,
von der
Zukunft träumen,
doch nur wer
in der Gegenwart wandelt,
der hat
ein glückliches Leben.